Ueber das Verhältniß

von

Arbeitslohn und Arbeitszeit

zur

Arbeitsleistung.

Ueber das Verhältniß
von
Arbeitslohn und Arbeitszeit
zur
Arbeitsleistung.

Von

Dr. Lujo Brentano,
Professor der Staatswissenschaften in Breslau.

Leipzig.
Verlag von Duncker & Humblot.
1876.

Das Recht der Uebersetzung wie alle anderen Rechte vorbehalten.
Die Verlagshandlung.

„Oftmals", schrieb unlängst Heinrich v. Treitschke in einem offenen Briefe an Gustav Schmoller, „oftmals habe ich von namhaften Gelehrten, Naturforschern wie Humanisten, die zweifelnde Frage gehört: „ob dies unfertige Durcheinander subjektiver Meinungen" (nämlich die Volkswirthschaftslehre) bereits verdiene eine Wissenschaft zu heißen", und ohne Zweifel wird diese Frage oftmals gehört. Wenn Heinrich v. Treitschke aber, wie es fast scheint, der von ihm angegriffenen volkswirthschaftlichen Schule damit etwas Ueberraschendes oder Unangenehmes zu sagen glaubte, dürfte er sich täuschen. Vielmehr hätte er, um in seinen Lesern einer falschen Vorstellung vorzubeugen, beifügen müssen, daß es gerade die Anhänger dieser Schule waren, welche diese Frage am häufigsten aufgeworfen haben. Die ältere ökonomische Schule hatte allerdings ein einheitlich zusammenhängendes Lehrgebäude angeblicher volkswirthschaftlicher Wahrheiten errichtet, das jedoch seine Dissonanz mit der Wirklichkeit nur dürftig zu verschleiern vermochte, indem es durch den Mund seiner wissenschaftlichsten Vertreter sich selbst für eine lediglich „hypothetische Wissenschaft" erklärte. Als Reaktion dagegen ist eine Reihe von mehr oder minder subjektiven Lehrsystemen entstanden. Anhänger und Nachwirkungen beider Richtungen bestehen heute noch fort. Gerade der wissenschaftliche Widerwille gegen diesen Zustand der Volkswirthschaftslehre aber war es, der wenigstens bei mehreren der bekanntesten Vertreter der von Treitschke angegriffenen Schule zur Secession vom Lager der alten Volkswirthe den Anstoß gab, der dieselben zur Formulirung der Forderung einer Volkswirthschaftslehre auf exakten Grundlagen antrieb, und der sie in Durchführung dieser Forderung zu Resultaten führte, die den Lehren der älteren Schule, unter deren Banne Heinrich v. Treitschke noch vielfach steht, allerdings widersprechen.

Indeß die Frage über die besonderen Schwierigkeiten, welche einer wissenschaftlichen Behandlung volkswirthschaftlicher Fragen im Wege stehen, und über die Gründe, warum die Volkswirthschaftslehre im Vergleich zu andern wissenschaftlichen Disciplinen so geringe Fortschritte aufweist, bedarf einer besonderen Erörterung. Im Vorübergehen, wie sie hier nur berührt werden kann, läßt sie sich nicht erschöpfend behandeln. Hier kommt es vielmehr darauf an, auf die Gründe zu verweisen, warum die Lehren einer so recht eigentlich das praktische Leben behandelnden Wissenschaft, wie die Volkswirthschaftslehre, einen verhältnißmäßig so geringen Einfluß auf das praktische Leben erlangt hat. Bei jeder anderen Wissenschaft sucht das praktische Leben gierig die neuesten Resultate der Untersuchung zu verwirklichen und nutzbar zu machen. Die Resultate volkswirthschaftlicher Untersuchungen wurden meist lange Zeit gänzlich ignorirt, bis sie endlich nach dreißig, vierzig oder mehr Jahren, weil sie gerade gewissen Klasseninteressen entsprachen, zur Anerkennung gelangten. Wurde doch selbst in England die Gewerbefreiheit erst 1814, der Freihandel erst 1846 gesetzlich statuirt, während Adam Smith's Untersuchung über den Reichthum der Nationen 1776 erschien!

Erklärt sich dieses behutsame Gebahren der Gesetzgebung nun zum großen Theile aus jenen unwissenschaftlichen Methoden, welche den Namen der Nationalökonomie zum Beiwort haftiger Generalisationen aus ungenügenden und willkürlichen Prämissen und den Namen der Sozialwissenschaft synonym mit gelehrten Phantastereien gemacht haben, so dürften doch nur oberflächliche Kenner behaupten, daß es nicht auch in der Volkswirthschaftslehre Sätze gäbe, die aus den Erfahrungen des Lebens mittelst exakter, subjektives Meinen und Wünschen möglichst ausschließender Untersuchung gefunden sind, und bezüglich deren nicht weniger Uebereinstimmung unter den Volkswirthschaftslehrern herrscht, als unter den Lehrern der exakten Wissenschaften über die Lehrsätze ihrer Disciplinen. Daß es solche volkswirthschaftliche Lehrsätze giebt, hoffe ich, in dem Folgenden zu zeigen. Von ihnen wenigstens ließe sich erwarten, daß sie im Leben seitens Privater wie seitens der Staaten unbedingte Beachtung fänden. Wie wenig auch diese Erwartung eintrifft, weil kurzsichtige Interessentenvorurtheile der wissenschaftlichen Erkenntniß im Wege stehen, mag der Leser aus den folgenden Zeilen gleichfalls entnehmen.

In einem Reskripte an die Verwaltungen von Staatswerken, namentlich an die Oberbergämter, vom 28. März d. J. hat der preußische Handelsminister die Erwartung ausgesprochen, daß dieselben zur Ermäßigung der Produktionskosten auf eine allmälige Herabsetzung der Löhne, insbesondere der Gedingsätze, sowie auf eine Erhöhung der Arbeitsleistungen hinwirken würden. „Thatsächlich", heißt es in dem Reskripte, „sind die Arbeitsleistungen gegen früher nicht unwesentlich zurückgeblieben und gerade in den letzten Jahren, wo die Löhne der Arbeiter eine unverhältnißmäßige Steigerung erfahren haben, sind die Leistungen der Arbeiter fast ausnahmelos noch geringer ausgefallen." Um auch unter weniger günstigen Verhältnissen angemessene Ueberschüsse zu erzielen, „kommt es weniger auf eine allgemeine Herabsetzung der Arbeitslöhne als vielmehr darauf an, daß die Arbeitsleistungen gesteigert werden, wozu in der Ermäßigung der Arbeitsgedinge ein entsprechender Hebel zu finden ist. Es wird dabei dem fleißigen Arbeiter Gelegenheit gegeben, bei größerer Leistung sich den gleichen Erwerb wie früher zu verschaffen, so daß die weniger eifrigen Arbeiter es sich selbst zuzuschreiben haben würden, wenn eine Schmälerung

ihres Verdienstes eintritt". Um es kurz zu sagen, der preußische Handels=
minister empfiehlt in dem Reskripte vom 28. März eine allmälige Herab=
setzung des Stücklohns als Sporn zur Arbeit, und in einem spätern Reskripte
hat derselbe Minister den königlichen Eisenbahnverwaltungen eine Ver=
längerung der Arbeitszeit der von ihnen Beschäftigten empfohlen, um eine
Erhöhung ihrer Arbeitsleistungen herbeizuführen und so Ersparungen an
Personal zu ermöglichen. Auch wurde, wie man mir mitgetheilt hat, in
Folge davon seitens der in königlicher Verwaltung befindlichen oberschlesischen
Eisenbahn der Nachtdienst der Bahnwärter auf das Doppelte erhöht, um
die denselben zur Unterstützung beigegebenen Gehilfen entlassen zu können.

Die in diesen Reskripten ausgesprochene Ansicht, daß die Lohnerhöhungen
der letzten Jahre eine Minderung der Leistungsfähigkeit der deutschen Ar=
beiter zur Folge gehabt haben und daß zur Wiederhebung der letzteren eine
Lohnherabsetzung stattfinden müsse, ist in den letzten Monaten häufig gehört
worden. Nicht nur haben Zeitungen, welche für die Interessen der Arbeit=
geber einzutreten pflegen, die Arbeiter hiermit für unsere vielbesprochene
ungünstige Handelsbilanz mehr oder minder verantwortlich zu machen gesucht
und Lohnherabsetzungen als Hauptmittel zur Mehrung unserer Waaren=
ausfuhr empfohlen, der preußische Finanzminister hat, indem er in der Bank=
debatte im Reichstage[1]) Aehnliches aussprach, diese Lehre mit der Autorität
seiner Stellung gestützt. Danach erscheinen jene Reskripte des Handels=
ministeriums nur als der praktische Ausdruck der bei einem Theile des
Ministeriums herrschenden Meinung. Sie erscheinen danach aber nicht blos
als Akte der Verwaltung in ihrer Eigenschaft als Unternehmer. Nach den
Aeußerungen des Finanzministers im Reichstage erscheinen sie vielmehr als
der Anstoß zur Inaugurirung einer Arbeiter= und Handelspolitik, die man
offenbar für die richtige hält, um der deutschen Waare den Sieg über die
fremde auf dem Weltmarkte zu sichern. Der eine Minister proklamirt die
Theorie, der andere übersetzt sie ins Leben, und die Unternehmer versuchen
nur zu willig dem von Oben gegebenen Beispiele zu folgen. Da erscheint
es denn höchste Zeit, die Richtigkeit der proklamirten Lehre einer Prüfung
an der Hand der Thatsachen und der Erfahrung zu unterziehen.

Eine solche Prüfung hat offenbar zweierlei ins Auge zu fassen. Vor
Allem ist zu fragen: Hat der behauptete Rückgang in den Leistungen der
Arbeiter wirklich stattgefunden? Verwegene Frage, wird vielleicht Mancher
ausrufen, dem das laute Klagen der Arbeitgeber über die Abnahme der
Leistungen der Arbeiter noch in den Ohren klingt. Aber ist die Frage,
wenn von einer Partei, welche vorzugsweise das Ohr der gebildeten Klassen
besitzt, beantwortet, damit auch wirklich entschieden? Steht nicht der lauten
Bejahung seitens der Arbeitgeber ein entrüstetes Nein der Arbeiter gegen=
über? oder sollte wirklich in den competenten Kreisen die Anschauung als
vollberechtigt gelten, welche im vorigen Jahre die Minderheit der Reichstags=
kommission für die Gewerbenovelle aussprach, als die Mehrheit hervorhob,
für die Begründung einer Ausnahmebestimmung wie die kriminelle Bestrafung
des Arbeitsvertragsbruches müsse auf Grund umfassenden Materials der
Nachweis der Nothwendigkeit geführt werden, die Anschauung nämlich, daß

---

[1]) Reichstagssitzung vom 26. Januar 1875. St. Ber. S. 1299.

die Forderung eines auf thatsächliches Material gestützten Nachweises gegenüber den zahlreichen Kundgebungen der Betheiligten, unter denen man nur die Arbeitgeber verstand, nicht zu rechtfertigen sei?! Die Sache läge noch anders, wenn noch niemals analoge Verhältnisse gezeigt hätten, wie gänzlich unzuverlässig einseitige Angaben von Interessenten sind. Wie aber war die Lage 1867 in England? Ein allgemeiner Rückgang fand statt in der Produktion. Die Gewerkvereine, die in den letzten zehn Jahren an Macht sehr zugenommen, zeigten sich äußerst unbequem. Nichts ist psychologisch erklärlicher, als daß die Arbeitgeber den verhaßten Gegner vor das Forum der öffentlichen Meinung schleppten, um ihn der systematischen Zerstörung der britischen Industrie zu beschuldigen, indem er es dem britischen Unternehmer unmöglich mache, seine kontinentalen Rivalen zu bestehen. Als aber das Handelsamt die Ausfuhrlisten veröffentlichte, zeigte sich, daß gerade in den Industrien, in denen man die Gewerkvereine solchen Wirkens beschuldigte, eine fortwährende Zunahme der Ausfuhr stattfand! Die Ursache des Rückgangs der betreffenden Gewerbe war eine Minderung der heimischen Nachfrage, veranlaßt durch den Fall von Overend & Gurney, gewesen. — Hat denn aber nicht schon der Meister, auf dessen Worte — freilich bei Mißachtung seines Geistes — man doch sonst so gern schwört, hat nicht schon Adam Smith auf's nachdrücklichste davor gewarnt, den Angaben von Interessenten zu trauen? Stützt er nicht u. A. auch auf ihre stete Unzuverlässigkeit seinen Widerspruch gegen alle von Interessenten geforderten schützenden Privilegien? Und haben nicht selbst die eifrigsten Verfechter von Unternehmerinteressen in der Debatte über den § 44 des Bankgesetzes uns in der belustigendsten Weise erzählt[1]), welch' trostlosen Zustand der Industrie gewisse Interessenten ihnen als Folge der Annahme der Bankkommissionsvorschläge vor Augen führten? Ich meine, solche Erfahrungen alter und neuer Zeit sollten davor bewahren, Interessentengeschrei als exakte Methode bei Feststellung von Thatsachen anzuerkennen. Abgesehen aber hiervon scheint das Aufwerfen meiner Frage berechtigt durch die Antwort, welche ihr an der Hand von Thatsachen bereits zu Theil geworden.

Selbstverständlich verstehe ich unter dieser Antwort nicht die Protesterklärung einer Versammlung von Bergleuten in Dortmund: daß 1) der vom preußischen Handelsminister an die Oberbergämter veröffentlichte Erlaß über zurückgebliebene Arbeitsleistungen der Bergarbeiter eine Ehrenkränkung enthält; daß derselbe auf einer ganz oberflächlichen Information, sowie auf einer einseitigen und durchaus unrichtigen Auffassung beruht; daß 2) die in jenem Erlasse enthaltenen, gegen die Bergarbeiter gerichteten Beschuldigungen durchaus unbegründet sind, indem die hohen Löhne keineswegs eine Entmuthigung, vielmehr ein Sporn zur Arbeit sind u. s. w. Als Behauptung einer der interessirten Parteien verdient diese Erklärung a priori ebensowenig Vertrauen wie die entgegengesetzte der Arbeitgeber.

Unter jener Antwort verstehe ich vielmehr die Thatsachen, welche Erwin Nasse nach den von dem Handelsminister dem preußischen Landtag über die Verwaltung der fiskalischen Bergwerke erstatteten Berichte in der

---

[1]) Reichstagssitzung vom 28. Januar 1875. St. Ber. S. 1383.

„Concordia" zusammengestellt hat[1]). In diesen Berichten findet sich zwar nicht für alle, aber doch für die weitaus wichtigsten Staatsgruben die Jahresförderung der Arbeiter berechnet. Das Resultat stellt sich seit 1867 folgendermaßen:

"Auf den Saarbrücker Gruben, die von der gesammten fiskalischen Steinkohlenproduktion 1873 64,1 Proz. der Menge und 74,3 Proz. dem Werthe nach produzirten, wurden gefördert pro Arbeiter durchschnittlich Centner Kohlen:

Jahrgang	Von 1 Arbeiter durchschnittlich geförderte Centner Kohlen.	Verdienter Nettolohn für die Schicht[2])				Wirkliches Jahreseinkommen der Arbeiter. sub a. und b. Thlr.
		a. bei den Gedingelöhnern (77 pCt. der Belegschaft).		b. bei dem Grubenbau und bei den Nebenarbeiten (12 pCt. der Belegschaft).		
		Sgr.	Pf.	Sgr.	Pf.	
1867	3401	nicht angegeben.				
1868	3519					
1869	3808	26	6	22	5	243
1870	3678	27	1	23	—	240
1871	3894	29	1	24	3	260
1872	4236	32	10	26	6	295
1873	4152	36	6	28	2	314

"In dem Berichte über die Verwaltung des Jahres 1872 wird auf die Steigerung des Resultats besonders aufmerksam gemacht. Dieselbe sei um so bemerkenswerther, als in anderen Kohlenrevieren, namentlich denen Belgiens und Englands, über ein Herabgehen der Leistung geklagt werde. Im Jahre 1872 aber war die Lohnerhöhung der letzten Jahre zum großen Theil schon eingetreten. Gegenüber dieser Steigerung von 3401 Zentnern im Jahre 1867 bis auf 4236 im Jahre 1872 verschwindet völlig der kleine Rückgang von 84 Centnern, der sich 1873 zeigt. Aus demselben kann um so weniger auf abnehmende Leistungen der Arbeiter geschlossen werden, als einmal die Zahl der Arbeiter fortwährend durch Heranziehung neuer weniger geübter Arbeiter vermehrt wird (im Jahre 1873 wuchs die Belegschaft der Gruben um 5,25 Proz.), und ferner das durchschnittlich von jedem Arbeiter geförderte Quantum nicht blos von der Arbeitsenergie der Bergleute abhängt, sondern auch durch andere Momente wesentlich bestimmt wird. Vor Allem hat darauf natürlicher Weise die wechselnde Ergiebigkeit der im Betrieb stehenden Gruben Einfluß, sowie das Maß, in welchem Aufrichtungsarbeiten vorgenommen werden. Es ist sehr möglich, daß gerade der letztere Umstand auf den Durchschnittsertrag des Jahres 1873 influirt hat. Die mehrere Jahre hindurch andauernde große Steigerung der Nachfrage nach Kohlen hat wahrscheinlich zu Erweiterungsbauten genöthigt.

---

[1]) Concordia, Nr. 24, vom 12. Juni 1875.
[2]) Diese von Nasse nicht angeführten Daten über die Lohnverhältnisse habe ich beigefügt aus der kürzlich erschienenen Schrift: „Die Einrichtungen zum Besten der Arbeiter auf den Bergwerken Preußens? Berlin 1875. Anhang S. 37.

"Bei den demnächst wichtigsten Gruben des Staats, den oberschlesischen, finden sich folgende Angaben über die Jahresförderung pro Kopf der Belegschaft:

"Auf der Königsgrube war dieselbe

1867: 6068 Ctr.,
1868: 5780 „
1869: 5447 „
1870: 5495 „
1872: 6427 „
1873: 6284 „

"Der Rückgang im Jahre 1868 wird durch ungünstigere äußere Verhältnisse der Kohlengewinnung im Berichte erklärt.

"Auf der Königin=Louisengrube betrug die Förderung pro Kopf der Belegschaft:

1867: 4935 Ctr.,
1868: 5165 „
1872: 5289 „
1873: 5689 „

"Ein Herabgehen der durchschnittlichen Leistungen der Bergleute kann aus diesen Ziffern gewiß nicht gefolgert werden."

Leider ist mir kein Material zugänglich um diese Mittheilungen Nasse's durch Produktionsberechnungen für andere Industriezweige zu ergänzen. Indessen dürften die angeführten Zahlen hinreichen, um das Vertrauen in die Richtigkeit der so lauten Behauptungen über den Rückgang in den Leistungen der Arbeiter zu erschüttern.

Indeß ist ein zweiter Punkt in den Reskripten des Handelsministers, der noch mehr die Kritik herausfordert. Nehmen wir einen Augenblick an, die behauptete Minderung der Leistungen der Arbeiter habe wirklich stattgefunden. A priori wäre dies ja keineswegs undenkbar. Es ist ein alter Satz der Nationalökonomie, daß plötzlich eintretende Lohnsteigerungen und plötzliche Minderungen der Arbeitszeit mitunter zunächst und vorübergehend einen Rückgang in den Arbeitsleistungen zur Folge haben. Auch ist dies psychologisch leicht zu erklären. Sehen wir ja oft mit der Verbesserung der Lage der höheren Klassen zunächst tolle Verschwendung und liederlichen Müßiggang Hand in Hand gehen. Findet sich dies als allererste Wirkung einer Verbesserung bei den höheren Klassen, um wie viel begreiflicher wäre diese Erscheinung bei den Arbeitern und zwar um so mehr, je niedriger ihr bisheriger Standard of Life und je erbärmlicher dem entsprechend das Ziel ihrer bisherigen Wünsche. Setzen wir also den Fall, was, wie Schmoller in seinem Sendschreiben an Treitschke nachgewiesen hat[1]), nur

---

[1]) Treitschke hatte geschrieben (Zehn Jahre deutscher Kämpfe 507): „Die Umgestaltung unsrer Volkswirthschaft hat den arbeitenden Klassen eine große Erhöhung der Löhne gebracht, die in der deutschen Geschichte ohne Gleichen dasteht; sie gewannen damit, wie einst die englischen Arbeiter, die Möglichkeit ihre Lebenshaltung dauernd zu verbessern, näher heranzurücken an die Anstandsgewohnheiten der Mittelklassen, welche unter derselben wirthschaftlichen Krisis schwer litten. Wie ist die Gelegenheit benutzt worden? Im Großen und Ganzen sehr schlecht; ein bedeutender

die Ausnahme war, sei die Regel gewesen und die arbeitende Klasse habe ihre Mehreinnahmen der letzten Jahre wirklich verpraßt; nehmen wir an die oben mitgetheilten Zahlen erschütterten in keiner Weise die Angaben über den gleichzeitigen Rückgang in den Leistungen der Arbeiter; gehen wir also von den Annahmen aus, von denen der preußische Handels=minister ausgeht, so bleibt doch noch die wichtigere Frage, ob wirklich Herabsetzung der Akkordsätze und Verlängerung der Arbeitszeit, wie die Reskripte des Handelsministers lehren, entsprechende Hebel sind, um die Arbeitsleistungen zu steigern.

Um diese Frage zu beantworten, ist es nöthig die Einwirkungen von Arbeitslohn und Arbeitszeit auf die Arbeitsleistung gesondert zu betrachten.

Die Behauptung, daß Lohnerhöhungen zur Minderung der Leistungen der Arbeiter führen, ist so alt, als es Arbeitgeber giebt, welche über den scheinbaren nächsten den wirklichen und endlichen Vortheil übersehen. Aber

---

Theil des Gewinns ward einfach vergeudet." Hierauf erwidert Schmoller "Ueber einige Grundfragen des Rechts und der Volkswirthschaft" Jena 1875 S. 141: "Bis auf einen gewissen Grad ist dies leider wahr. Aber es fragt sich wieder, bis auf welchen? Es fragt sich, ob der Mißbrauch so viel stärker war, als er nach der zu plötzlichen, zu unvermittelten Erhöhung der Löhne sein mußte. Es fragt sich, ob nicht neben dem Mißbrauch sich für breite Kreise ein richtiger Gebrauch nachweisen läßt. Es fragt sich, ob Sie, als Sie dieses allgemeine Verdammungsurtheil nieder=schrieben, alle die Thatsachen kannten, die zur Bildung eines sicheren Schlusses auf diesem Gebiete gehören. Ich glaube nicht, daß Sie in dieser Weise gesprochen hätten, wenn Sie z. B. gewußt hätten, daß im Jahre 1872 die arbeitenden Klassen die kolossale Summe von 88,6 Millionen Thaler in die preußischen Sparkassen neu ein=legten, während es z. B. 1869 noch 53 Millionen waren, daß wir mit den Spar=einlagen dieses Jahres den englischen vollkommen gleich gekommen sind, daß die Einleger in dem einzigen Jahre 1872 von 1,358,392 auf 1,644,480 gestiegen sind. Wenn es wahr ist, daß 1848 in Paris kein Arbeiter auf der Barrikade zu sehen war, der ein Sparkassenbuch hatte, so ist eine Zunahme der Bücher um 25 Prozent in einem Jahre keine kleine Sache. Das Gesammtguthaben in den preußischen Spar=kassen betrug je am Ende des Jahres nach Abzug der zurückgezahlten Kapitalien:

1835   5,4 Millionen Thlr.   1868   143,5 Millionen Thlr.,
1845 12,5   "   "   1871   172   "   "
1855 32,2   "   "   1872   217   "   "

Speziell in Berlin betrug das Gesammtguthaben:
Ende 1871   2,885,681 Thlr.,
      1872   4,517,973   "
      1873   4,504,434

"Die Zahl der Bücher hat auch hier allein 1872 um 7000 zugenommen. Auch in Sachsen nehmen die Sparkasseneinlagen zu; selbst noch im Jahre 1874 wurden in den ersten 10 Monaten 300,000 Mehreinzahlungen als Rückzahlungen gemacht, wovon 91,580 auf den Regierungsbezirk Zwickau, d. h. den gewerbreichsten Sachsens, mit 2½ Million Thaler kommen. Nimmt man dazu noch, wie z. B. der Fleisch=konsum in Berlin und anderen großen Städten in den Jahren 1871—72 stieg, so kommt man sicher zu dem Resultate, daß die Lohnsteigerung wol von einem Theil, aber nicht im Großen und Ganzen schlecht benutzt worden sei. Ihr Urtheil ruht ohne Zweifel auf den subjektiven Eindrücken, die in gewissen Kreisen Berlins jetzt herrschen. In Berlin ist man empört über einige Strolche, die einmal Droschke fahren, einige Tage nicht arbeiten, in den Straßen lärmen. Diese Lumpen sieht man, und von ihnen spricht man; auf die Tausende, die endlich einmal statt bloßer Kar=toffel ein Stückchen Fleisch essen können, die sich Sparkassenbücher anschaffen, die ihre Kinder in eine bessere Schule schicken, die sich einige bessere Möbel anschaffen, wird die öffentliche Meinung nicht aufmerksam."

ebenso alt wie eine wissenschaftliche Behandlung der Nationalökonomie ist der Protest, den diese gegen solche Interessentenvorurtheile erhob.

Man lese nur das 8. Kapitel des 1. Buches[1]) bei Adam Smith. Nachdem er — was Manchen, die über die Verderbtheit unserer Tage klagen, zum Trost dienen könnte, — von der „allgemeinen Klage" gesprochen hat, „daß der Luxus selbst in die allerniedrigsten Klassen des Volkes eindringe und daß die Arbeiter jetzt nicht mehr mit derselben Nahrung, Kleidung und Wohnung wie ehedem zufrieden sein wollten", sagt er: Ein hoher Arbeitslohn vermehrt den Fleiß der großen Masse. Der Arbeitslohn ist das Reizmittel des Fleißes und wie jede andere menschliche Eigenschaft wird der Fleiß größer, je mehr Reizmittel ihn antreiben. Reichliche Nahrung vermehrt die körperliche Stärke des Arbeiters, und die tröstliche Hoffnung, seine Lage zu bessern und seine Tage vielleicht in Behagen zu beschließen, bewegt ihn, diese Stärke auf's Aeußerste zu bethätigen. Deshalb sehen wir, daß allenthalben, wo der Lohn hoch ist, die Arbeiter thätiger fleißiger, anstelliger sind als da, wo er niedrig ist; z. B. mehr in England als in Schottland, mehr in der Nachbarschaft großer Städte als in entfernten ländlichen Orten. Allerdings giebt es Arbeiter, welche drei Tage in der Woche faullenzen, wenn sie in den übrigen vier so viel verdienen, um leben zu können. Dies ist jedoch nur ausnahmsweise der Fall. Im Gegentheile: Arbeiter, die nach dem Stück gelohnt werden, überarbeiten sich leicht bis zum Ruine ihrer Gesundheit. Häufig ist die außerordentliche Anstrengung während vier Tagen die wahre Ursache des Faullenzens an den übrigen dreien, über welches so oft und laut geklagt wird.

Und nachdem Adam Smith hieran eine Diatribe gegen die Kurzsichtigkeit der Arbeitgeber geknüpft hat, welche ihre Arbeiter zu scharf antreiben, wendet er sich ausdrücklich gegen die Angabe, daß die Arbeiter in billigen Jahren als Regel träger seien als in theuern. Ein reichlicher Unterhalt, schließe man, mindere, ein dürftiger sporne den Fleiß. Allein, wenn es auch keinem Zweifel unterliege, daß dies für einzelne Arbeiter richtig sei, für die große Mehrzahl sei es falsch. Es sei nicht sehr wahrscheinlich, daß schlecht genährte Menschen besser arbeiten als gut genährte, gedrückte besser als solche, die guter Dinge, solche, die häufig krank, besser als die bei guter Gesundheit. Die Sache sei die, daß die Arbeiter in theuern Jahren weit abhängiger, unterwürfiger und anhänglicher seien, als in wohlfeilen, daß die Arbeitgeber in erstern deshalb leichter Verträge abschlössen und ein leichteres Leben hätten, als in den letztern. Daher jene Anschauung, zu deren Widerlegung A. Smith noch einige exakte Beobachtungen über den Einfluß des mehr oder minder reichlichen Arbeitslohns auf die Arbeitsleistung anführt, auf die ich weiter unten zurückkommen werde.

Allein vielleicht klingen diese Ausführungen A. Smith's Manchem zu „kathedersozialistisch". Wenden wir uns deshalb zu zwei Schülern A. Smith's, welche meist als die eigentlichen Theoretiker der Unternehmerinteressen angesehen werden, zu Macculloch und Senior. Macculloch spricht von der

---

[1]) Wealth of Nations, edit. Macculloch. Edinburgh 1863. 37.

Ansicht¹) „vieler sehr einsichtsvoller Personen von unzweifelhaftem Wohlwollen, deren Meinungen über die meisten Dinge man die größte Hochachtung schulde", daß hohe Löhne, statt den Fleiß anzutreiben, allgemein Trägheit und Verschwendung zur Folge hätten. Diese Ansicht sei nur für Einzelne zutreffend, nie für die große Masse. „Haben die niedern Löhne der Iren, Polen und Hindus diese fleißig gemacht? oder machten die hohen Löhne der Amerikaner, Engländer und Holländer diese träge? Gerade das Gegentheil. Die erstern sind notorisch und sprichwörtlich so träge wie die letztern arbeitsam und unternehmend. Dies ist kein Punkt, über den ein Zweifel nur möglich ist. Die Erfahrung aller Jahrhunderte und aller Völker zeigt, daß hoher Lohn gleichzeitig der stärkste Antrieb unablässiger und sorgfältiger Anstrengung und das beste Mittel ist, um das Volk anhänglich an die Institutionen zu machen, unter denen es lebt. Es ist ein altes Wort: nihil laetius est populo Romano saturo, und dasselbe läßt sich von den Engländern, den Franzosen und in der That von jedem Volke sagen."

Senior, um noch den Erfinder der Bezeichnung „Entbehrungslohn" für Kapitalzins und hartnäckigen Gegner der Fabrikgesetzgebung zu hören, hebt hervor²), daß hoher Lohn keineswegs identisch sei mit hohem Preise der Arbeit. Er führt Aussagen von englischen Fabrikanten an, welche in Frankreich Unternehmungen geleitet, daß in Frankreich trotz der niedrigeren Löhne der Preis der Arbeit eher höher und die Produktion eher kostspieliger sei, als in England. Der englische Arbeiter leiste nämlich unverhältnißmäßig mehr. In Folge der geringeren Leistung der Franzosen seien zur Herstellung einer bestimmten Produktenmenge eine größere Anzahl Arbeiter, in Folge dessen mehr Gebäude, mehr Aufsicht, mit einem Worte ein größeres Kapital, das verzinst sein wolle, nothwendig. Ein Engländer leiste so viel wie zwei Franzosen. Der Lohn in England, fährt Senior sodann fort, sei dreimal so hoch als in Irland; der Irländer leiste aber nur ein Drittel dessen, was der Engländer bietet. „Man darf annehmen", schließt er, „daß der Preis der Arbeit allenthalben und zu allen Zeiten derselbe ist."

Dasselbe wie Macculloch, sagt Joseph Hume³), der Veteran der Freihandelsschule, dasselbe unser Altmeister Rau⁴), dasselbe der Freihändler Michel Chevalier⁵). Roscher's Volkswirthschaftslehre ist in Aller Hand; aus einem Blick in die §§ 40 und 173 seines Buches kann sich Jeder von seiner gleichen Lehre überzeugen. Kurz es herrscht bei allen nationalökonomischen Theoretikern eine seltene Uebereinstimmung darin, daß höhere Löhne höhere Leistungen zur Folge haben.

Aber ich höre schon den üblichen Einwand der „Praktiker" gegen jede ihren Vorurtheilen entgegentretende Lehre: dies Alles mag theoretisch richtig sein, trifft aber nicht zu in der Praxis. Ohne auf das Ungereimte dieses Satzes einzugehen, möchte ich denen, die so sprechen, zwei Zeugen vorführen, deren Klassicität selbst vor den praktischsten Praktikern bestehen dürfte: es sind dies die englischen Eisenbahnunternehmer und Maschinenfabrikanten

---

[1]) Principles of Political Economy. 2. Ed. London 1830. 397.
[2]) Political Economy. 5. Ed. London 1863. 149.
[3]) Rede über die Coalitionsverbote. House of Commons 29. Juni 1825.
[4]) Volkswirthschaftslehre § 201 a.
[5]) Cours d'Economie Politique I. 115.

Brassey, Vater und Sohn. Der Name des Vaters ist jüngst auch in Deutschland häufig genannt worden, bei Gelegenheit des Prozesses Ofenheim. Er baute Eisenbahnen in allen Theilen, beinahe möchte man sagen in allen Ländern der Welt. Dabei hatte er volle Gelegenheit, die Arbeiter aller Nationen zu vergleichen. Nothwendiger Weise mußte er dabei große Kenntnisse über den Preis der Arbeit in allen Ländern erlangen. Diese Erfahrungen des verstorbenen Vaters hat der Sohn, der das Geschäft des Vaters weiter betreibt, 1872 in einem Buche „Work and Wages" veröffentlicht, welches rasch mehrere Auflagen in England erlebte. Sofort auf der zweiten Seite tritt uns die charakteristische Stellung der Praktiker zu den Theoretikern entgegen in der Art und Weise, wie anerkannt wird, daß aus den Schriften der letztern „sogar" Männer der Praxis etwa lernen könnten. Auf der dritten Seite erklärt Brassey sodann offen, daß er „durch viele und mächtige Einflüsse gezwungen werde, in der Arbeiterfrage sich auf den Standpunkt des Arbeitgebers zu stellen". Trotzdem zeichnet sich das ganze Buch durch ein großes Streben nach Unparteilichkeit aus. Dies gilt insbesondere da, wo er die eigenen oder des Vaters Erfahrungen mittheilt. Wo er sich auf Angaben Anderer beruft, kennt er stets nur die Aussagen einer Partei, und ist, einerlei ob er über England oder Rußland berichtet, ebenso unzuverlässig wie in seinen Angaben über das System des Monsieur Schultse de Litsch, worunter nur Wenige sofort Schulze=Delitzsch wiedererkennen dürften.

Was nun sagen diese Praktiker mit ihrer weltumfassenden Erfahrung?

„Bei den Unternehmungen meines Vaters in beinahe jedem Lande der civilisirten Welt und in jeder Weltgegend waren die Tagelöhne der Arbeiter weit von einander verschieden; allein es ergab sich als die fast ausnahmelose Regel, daß der Preis der Arbeit derselbe war — daß für dieselbe Summe Geldes dasselbe Quantum Arbeit allenthalben geleistet wurde." (Work and Wages p. 75. vgl. auch pp. 84, 87). Mit großer Lebhaftigkeit wendet sich Brassey gegen die „Angaben, welche in Zeiten geschäftlicher Flauheit ausnahmelos wiederkehren, daß wir unsern Markt an andere Länder verloren haben, weil der Lohn des britischen Arbeiters alles Maß überschreite" (p. 78). „Die Ausfuhr aus dem Vereinigten Königreiche habe im Jahre 1871 den Werth von 319 Million Pfd. Sterling erreicht und zwar habe die größte Zunahme in den Industriezweigen stattgefunden, in denen die Löhne am höchsten seien" (p. 50). Es sei falsch, daß der Preis der Arbeit in England höher sei als auf dem Kontinent (p. 67). Kurz der Refrain, der durch alle Erörterungen des Buches durchklingt, ist der, daß nach seiner und seines Vaters Erfahrung höhere Löhne stets höhere Leistungen zur Folge haben. Ja oft sei der Preis der Arbeit niedriger in Folge gestiegener Löhne. Die einzige Ausnahme hiervon machten die Hindus, bei denen allerdings höherer Lohn die Leistung vermindere (p. 88).

Es erhellt: Praktiker mit großer Erfahrung und weitem Blick lehren dasselbe wie sämmtliche Theoretiker der Nationalökonomie! Indeß habe ich mich einem Einwand keineswegs verschlossen, der gegen die Schlüsse sowol der angeführten Theoretiker als auch der beiden Brassey erhoben werden kann. „Eure Induction", könnte Jemand ihnen zurufen, „ist äußerst mangelhaft. Ihr gelangt zu Eurem Schlusse, indem Ihr die Arbeiter ver=

schiedener Nationen vergleicht. Ihr findet, daß der Lohnsatz Aller verschieden ist und daß sie in dem Maße, als sie höhern Lohn erhalten, mehr leisten. Wer sagt Euch aber, daß der höhere Lohn die Ursache höherer Leistungen ist? Ebenso möglich ist es, daß die Verschiedenheit der Leistungen zusammenhängt mit Verschiedenheiten in den nationalen Anlagen und Eigenschaften, und daß der höhere Lohn die Folge, nicht die Ursache der höheren Leistung ist".

Nach dieser Auffassung würde der Lohn also nicht durch Angebot und Nachfrage, sondern durch die Größe der Leistungen bestimmt. Abgesehen davon aber, daß dies nicht richtig ist, muß der angeführte Einwand offenbar schwinden, wenn gezeigt wird, einmal daß auch die derselben Nation angehörigen Arbeiter je nach der Höhe ihres Lohnes mehr oder weniger leisten, und zweitens, daß derselbe Arbeiter mehr leistet, wenn er höher gelohnt wird, als früher bei niedrigerem Lohne. Zeigt sich dies, so dürfte sich sogar eher die größere Arbeitstüchtigkeit eines Volkes als Folge höherer Löhne herausstellen.

Was zunächst den ersten zu beweisenden Punkt angeht, daß auch innerhalb derselben Nation die Leistungen der Arbeiter größer sind bei höherem Lohne, so haben bereits frühere Nationalökonomen mannigfache Belege dafür beigebracht. So hebt schon J. G. Hoffmann, der Vater der preußischen Statistik, hervor, daß ein berliner Holzhauer in 10 Tagen so viel leistet wie ein ostpreußischer zu Labiau in 27 Tagen. Ein mecklenburgischer Tagelöhner, sagt ferner Roscher, ißt beinah doppelt so viel als ein thüringischer; aber er leistet materiell auch beinah das Doppelte. Ebenso giebt Brassey in seinem Buche eine Reihe von Belegen. Unter Anderem erwähnt er (p. 86) einer Gelegenheit, die sich ihm bot, um den in Frage stehenden Satz genau zu erproben. Es handelte sich um den Bau einer Station zu Basingstoke. Auf der einen Seite der Station wurde ein londoner Maurer beschäftigt zu einem Tagelohn von 5 s. 6 d., auf der andern Seite zwei ländliche Maurer ein jeder zu 3 s. 6 d. täglich. Indem man ohne Wissen der Arbeiter das geleistete Arbeitsquantum maß, zeigte sich, daß der londoner Maurer mit Leichtigkeit mehr in einem Tage leistete als seine zwei ländlichen Mitarbeiter zusammengenommen. — Da uns endlich neuerdings eine vielgerühmte Enquête des Kongresses deutscher Landwirthe über die Lage der ländlichen Arbeiter zahlreiche Angaben über die Löhne in den verschiedenen Theilen Deutschlands gegeben hat, glaube ich die Gelegenheit ergreifen zu sollen, um den in Frage stehenden Satz umfassender zu erproben.

Zuerst habe ich aus der im 1. Quartalhefte der Zeitschrift des preußischen statistischen Bureau's von 1875 nach der Aufnahme von 1871 veröffentlichten Berufsstatistik die Zahl der in jedem preußischen Regierungsbezirk beschäftigten ländlichen Arbeiter ermittelt. Sodann habe ich aus Tabelle A. im IV. Bande von Meitzen's bekanntem Werke die Zahl der in jedem Regierungsbezirke angebauten Morgen Ackerland und Garten ermittelt, sowie die Größe des durchschnittlichen Reinertrags eines Morgens. Wie die folgende Tabelle zeigen wird, erlangte ich auf diese Weise die Größe des Reinertrags, die in jedem Regierungsbezirk auf einen ländlichen Arbeiter kommt. Allerdings giebt die so erlangte Ziffer keinen exakten Aufschluß über die Größe der Leistung des Arbeiters. Einmal wegen der größern oder geringern Anzahl arbeitssparender Maschinen, welche bei dem landwirthschaftlichen Betrieb in Anwendung kommen; sodann wegen der Verschiedenartigkeit der Vertheilung des Grundeigenthums: denn offenbar muß das Ergebniß der Rechnung sich anders gestalten in Gegenden mit wenigen großen Grundbesitzern und einer großen Menge unselbständiger Arbeiter, anders in Landestheilen, in denen überwiegend selbständige Bauern allein mit ihrer Familie oder höchstens mit Beihülfe von Gesinde den Acker bestellen. Aus diesen Gründen mußten von den acht alten Provinzen, auf welche allein das Meitzen'sche Buch sich erstreckt, von vornherein die Rheinprovinz, Westfalen und die Provinz Sachsen von dem Vergleiche ausgeschlossen werden. Von den übrigen fünf Provinzen läßt sich wol sagen, daß der landwirthschaftliche Betrieb im Großen und Ganzen in Allen der gleiche ist.

Viel größere Schwierigkeiten verursachen indeß die Lohnangaben des von Professor von der Goltz an den landwirthschaftlichen Kongreß über die Enquête erstatteten Berichtes. So unangenehm es ist, das reichlich gespendete und durch großen Fleiß auch verdiente Lob eines Werkes zu schmälern, so gebietet doch die Gewissenhaftigkeit zu betonen, daß die in diesem Berichte gegebenen Berechnungen des Durchschnittslohns für die Regierungsbezirke wissenschaftlichen Anforderungen nicht entsprechen. Selbst angenommen, die Angaben über die Lohnsätze in den einzelnen Kreisen seien so zuverlässig, wie Prof. v. d. Goltz in der Vorrede versichert, so ist es zur Berechnung des Durchschnittslohns in den **Regierungsbezirken** doch unentbehrlich zu wissen, **wie viel Arbeiter in jedem Kreise** den betreffenden Lohnsatz verdienen. Statt durch Division der Summe der verdienten Löhne durch die Zahl der Arbeiter den Durchschnittslohn zu ermitteln, bezeichnet aber der Berichterstatter als Durchschnittslohn der Regierungsbezirke die Summe der in den einzelnen Kreisen herrschenden Lohnsätze dividirt durch die Anzahl der Kreise. Damit dieser Durchschnittslohn zuträfe, wäre also nöthig, daß die Zahl der Arbeiter in allen Kreisen gleich groß sei, während sie faktisch in einem Kreise oft das Doppelte der Anzahl in andern Kreisen beträgt. Aber nicht genug hiemit: dieser Durchschnittslohn ist nicht einmal aus Angaben aus **allen** Kreisen eines Regierungsbezirkes berechnet, denn in dem einen Regierungsbezirke haben beinahe alle, in dem andern nur die Hälfte, in einem dritten weniger als die Hälfte der Kreise Angaben über die Lohnhöhe gemacht. In Folge dessen bezeichnen die angegebenen Durchschnittslöhne nicht einmal das Verhältniß der Lohnhöhe in den verschiedenen Regierungsbezirken. Der Durchschnittslohn der ländlichen Arbeiter im Regierungsbezirk Breslau wird z. B. mit 8,6 Silbergroschen angegeben. Dieser Durchschnitt ist gezogen aus 26 Angaben aus 12 Kreisen; es fehlen Angaben aus 11 Kreisen, darunter aus dem Stadt- und Landkreis Breslau und sämmtlichen zunächst um Breslau liegenden Kreisen mit Ausnahme von Strehlen. Für Strehlen wird der Sommertaglohn mit 16 Silbergroschen verzeichnet. Ist diese Angabe richtig, so dürfen wir aber gewiß auch für die übrigen zunächst um Breslau liegenden, gleich fruchtbaren Kreise, welche keine Angaben einschickten, eine gleiche Lohnhöhe annehmen und für Stadt- und Landkreis Breslau einen noch höheren Lohn.

Dann aber ergeben sich für den Regierungsbezirk als Durchschnittslohn statt 8,6 ungefähr 12,5 Silbergroschen — gewiß ein gewaltiger Unterschied. Aehnliche Einwendungen sind bezüglich der Angaben für andere Theile Schlesiens bereits von andrer Seite in der „Concordia" gemacht worden. Bei so großen Fehlern aber schien es mir unthunlich, die Provinz Schlesien überhaupt in Betracht zu ziehen, und ich habe daher auch Schlesien von dem Vergleiche ausgeschlossen.

Die Angaben des v. d. Goltz'schen Berichtes über die Löhne der Arbeiter in den verschiedenen Regierungsbezirken haben sonach nur die Bedeutung von Schätzungen, die nur mit kritischer Vorsicht gebraucht werden können. Eben deshalb habe ich bei der folgenden Tabelle in einer Anmerkung zu jeder Lohnangabe verzeichnet, aus welchen Daten der betreffende Durchschnittslohn gewonnen wurde, und in einer Nebenkolumne meine Meinung vermerkt, ob dem entsprechend die Angabe zu hoch oder zu niedrig sei.

Durchschnittslohn in den Regierungsbezirken. Bemerkung über die Lohnangabe	Rpf.	Namen der Regierungsbezirke	Zahl der ländlichen Arbeiter (Männer u. Weiber auf Männer reduzirt) [1]	Ackerland und Gärten Preußische Morgen.	Auf 1 Arbeiter kommen Morgen.	Auf 1 Morgen kommt Reinertrag: Rpf.	Auf einen Arbeiter kommt Reinertrag: Rpf.
etwas zu hoch	182	Stralsund [2]	12579	1026815	81,6	× 627	= 51163
	143	Potsdam [3] (mit Ausschluß von Berlin).	29135	3794580	130,2	× 365	= 47523
etwas zu niedrig	130	Stettin [4]	20574	2590168	125,9	× 376	= 47338
etwas zu niedrig	125	Bromberg [5]	16857	2573663	152,6	× 276	= 42117
	125	Köslin [6]	14281	2869742	200,9	× 207	= 41586
etwas zu niedrig	119	Frankfurt [7]	34480	3492269	101,2	× 366	= 37039
	118	Marienwerder [8]	26637	3670333	137,7	× 253	= 34838
	112	Danzig [9]	20174	1561223	77,3	× 346	= 26745
	107	Königsberg [10]	51485	4279601	83,1	× 256	= 21273
zu niedrig	96	Posen [11]	34861	4232058	121,3	× 260	= 31538
	89	Gumbinnen [12]	37656	2925183	77,6	× 214	= 16606

[1]) Diese Reduktion fand statt nach folgendem Beispiel: In Stralsund giebt es 10681 männliche und 2963 weibliche Arbeiter. Der Durchschnittslohn der Männer beträgt 186 Rpf., der Durchschnittslohn der Weiber 118 Rpf. Ein weiblicher Arbeiter ist sonach gleich 0,64 männlichen, 2963 weibliche sonach gleich 1898 männlichen, macht zusammen 12579 männliche Arbeiter.
[2]) Durchschnitt gezogen aus 6 Angaben aus den Kreisen Franzburg und Greifswald. Es fehlen Angaben aus den Kreisen Rügen und Grimme.
[3]) Durchschnitt gezogen aus 38 Angaben aus 12 Kreisen. Es fehlen Angaben aus den Kreisen Beeskow-Storkow, Zauche-Belzig und aus der Stadt Potsdam.
[4]) 18 Angaben aus 10 Kreisen. Es fehlen Angaben aus den Kreisen Uckermünde, Pyritz und aus der Stadt Stettin.
[5]) 11 Angaben aus 5 Kreisen. Es fehlen Angaben aus den Kreisen Bromberg und Gnesen.

Läßt man die Angabe über den Durchschnittslohn im Regierungs=
bezirke Posen, welche, da von 14 nur 5 Kreise Angaben gemacht haben,
völlig unzuverlässig ist, außer Betracht, so folgen in der vorstehenden
Tabelle die einzelnen Regierungsbezirke je nach der Lohn=
höhe der Arbeiter auch in dem Ertrage der Arbeit auf ein=
ander. Wären die Daten genauer und vor Allem zahlreicher, so daß
Fehler und besondere Ausnahmeverhältnisse in der Masse verschwänden, so
würde sich wol sogar eine genaue Verhältnißmäßigkeit zwischen Lohnhöhe
und Arbeitsertrag ergeben. Bei der Mangelhaftigkeit des zu Gebote stehenden
Materials läßt sich dies nicht verlangen. Meine ursprüngliche Absicht, diese
Untersuchung für die einzelnen Kreise durchzuführen, ließ sich, da Angaben
über die Arbeiterzahl in den einzelnen Kreisen nicht veröffentlicht sind und
die Daten, welche Geheimrath Engel mit dankenswerther Bereitwilligkeit
mir zur Verfügung stellte, nicht blos die ländlichen Lohnarbeiter, sondern
auch kleine Grundbesitzer und deren Söhne und Töchter umfaßten, nicht
ausführen. Eine solche Untersuchung würde ohne Zweifel genauere Resultate
geliefert haben.

Indeß sind die Resultate der vorstehenden Tabelle schon auffällig genug.
Würde ich wegen der Mängel des Materials darin auch keinen Beweis für
meinen Satz sehen können, stände derselbe mit allen bisherigen Erfahrungen
und Lehren in Widerspruch, so dürfen dieselben, — da alle früheren National=
ökonomen diesen Satz schon gelehrt und durch Daten erhärtet haben, —
doch als neuer Beleg dafür gelten, daß auch innerhalb derselben Nation
und Provinz, unter möglichst gleichen allgemeinen Verhältnissen, mit der
Höhe des Lohnes auch die Arbeitsleistungen steigen.

Noch bedeutender aber als die Erhärtung dieser Thatsache sind für die
hier verfochtene Lehre von dem Verhältniß von Lohnhöhe und Arbeitsleistung
die Beobachtungen, welche man gemacht hat über den Einfluß von Lohn=
änderungen auf die Leistungen derselben Arbeiter. Denn zeigt die Beob=
achtung, daß ebenderselbe Arbeiter unter sonst gleichen Verhältnissen bei
niedrigerem Lohne weniger leistet als bei höherem und umgekehrt, so ist
unsere Lehre offenbar völlig erwiesen. Nun wird der Nationalökonom
allerdings stets vergeblich den naturwissenschaftlichen Forscher beneiden, der
durch Experimente in seinem Laboratorium völlig exakte Beobachtungen zu
machen im Stande ist. Auch gehören leider die Praktiker, die wie Thünen
ihre Wirthschaft zu einer Versuchsanstalt im Dienste wissenschaftlicher Forschung

---

[6]) 6 Angaben aus 5 Kreisen. Es fehlen Angaben aus den Kreisen Schlawe,
Rummelsburg, Stolp, Lauenburg und Kammin.
[7]) 18 Angaben aus 13 Kreisen. Angaben fehlen aus den Kreisen Sternberg,
Kottbus, Spremberg und aus der Stadt Frankfurt a/O.
[8]) 26 Angaben aus 6 Kreisen. Angaben fehlen aus den Kreisen Rosenberg,
Löbau, Straßburg, Kulm, Graudenz, Konitz und Flatow.
[9]) 11 Angaben aus 6 Kreisen. Angaben fehlen aus Stadt= und Landkreis Danzig.
[10]) 33 Angaben aus 11 Kreisen. Angaben fehlen aus den Kreisen Pr.=Eylau,
Friedland, Rastenburg und Memel.
[11]) 12 Angaben aus 5 Kreisen. Angaben fehlen aus den Kreisen Schrimm, Kosten,
Posen, Fraustadt, Kröben, Krotoschin, Adelnau, Schildberg, Bomst.
[12]) 22 Angaben aus 6 Kreisen. Angaben fehlen aus den Kreisen Pillkallen,
Stallupönen, Insterburg und Goldap.

machen, zu den seltensten Ausnahmen. Indeß bietet glücklicher Weise die Praxis unbewußt Erscheinungen, deren Beobachtung das Experiment einigermaßen ersetzt.

Den ersten Bericht über Beobachtungen hierhergehöriger Erscheinungen haben wir von Adam Smith. „Ein französischer Schriftsteller von großem Wissen und Scharfsinn", so schreibt er[1]), „Herr Messance, Steuererheber zu St. Etienne, zeigt, daß die Armen in billigen Jahren mehr leisten als in theuern, indem er die Menge und den Werth der unter solchen verschiedenen Verhältnissen hergestellten Produkte in drei verschiedenen Industriezweigen mit einander vergleicht: nämlich in der zu Elboeuf betriebenen Fabrikation grober Wollenzeuge und in der in der ganzen Generalität von Rouen betriebenen Leinen- und Seidenindustrie. Aus seinen den amtlichen Registern entnommenen Rechnungen geht hervor, daß die Menge und der Werth der in allen drei Industriezweigen hergestellten Produkte regelmäßig größer waren in billigen als in theuern Jahren; und daß sie ausnahmslos am größten waren in den billigsten, am geringsten in den theuersten Jahren. Alle drei Industriezweige scheinen sich in stationärem Zustande zu befinden, d. h. obwol ihr Ertrag von Jahr zu Jahr etwas verschieden sein mag, schreiten sie im Ganzen weder vorwärts noch gehen sie zurück."

Ein oder das andere ähnliche Beispiel findet sich bei den meisten Nationalökonomen seit Adam Smith. Am nachdrücklichsten und mit dem größten Anspruch auf Beachtung treten uns die Angaben wieder bei Brassey entgegen. „Dies aber sage ich", betont er nach Mittheilung verschiedener Daten mit Emphase (p. 74), „daß alle Erfahrungen beweisen, daß bei geeigneter Aufsicht und einem ehrlichen Stücklohnsystem der Arbeiter, wenn am besten bezahlt, für eine gegebene Summe Geldes mehr Arbeit verrichtet, als er, wenn schlecht bezahlt und deshalb schlecht genährt, auch nur möglicherweise leisten kann."

Am interessantesten jedoch, weil beweisend, daß die größere Arbeitstüchtigkeit eines Volkes wesentlich die Folge höherer Löhne ist, sind Brassey's Angaben über die Wirkungen von Lohnsteigerungen auf französische Arbeiter. Sein ganzes Buch wimmelt von Angaben, wie untergeordnet die französischen Arbeiter, verglichen mit den englischen, früher waren und noch sind. Früher, vor fünfundzwanzig Jahren, war die Lohnverschiedenheit zwischen Frankreich und England viel bedeutender wie heute. Seitdem sind die Löhne in Frankreich gestiegen. Trotzdem sind in Folge der größeren Leistungen der Arbeiter die Franzosen heute besser im Stande mit England zu konkurriren wie damals (pp. 81—86). Und damit stimmt die Angabe Michel Chevalier's, daß französische Arbeiter bei gleicher Kost mit den Engländern diesen auch an Leistungen gleich kamen (Cours I, 115).

Es erhellt aus dem Vorstehenden, daß die Bergarbeiter zu Dortmund sich in voller Uebereinstimmung mit Adam Smith und allen späteren Nationalökonomen und mit allen Erfahrungen befanden, als sie, gegenüber dem Reskripte des Handelsministers, behaupteten, „hohe Löhne seien keineswegs eine Entmuthigung, vielmehr ein Sporn zur Arbeit". Auf wessen Theorie und auf welche Erfahrungen dagegen das Reskript des Handels-

---

[1]) A. a. O. 38.

ministeriums seine Ansicht stützte, als es die allmälige Ermäßigung der Arbeitsgedinge für einen entsprechenden Hebel zur Steigerung der Arbeitsleistungen erklärte, wäre offenbar interessant zu erfahren. Hat das Handelsministerium diese Ueberzeugung auf Grund von besonderen, bisher noch nicht veröffentlichten Untersuchungen gewonnen, so würde es sich durch deren Veröffentlichung, indem dieselbe die einstimmige Lehre sämmtlicher Nationalökonomen berichtigen würde, ein großes Verdienst um die Wissenschaft erwerben. Daß die Angabe über eine Minderung der Leistungen der preußischen Bergarbeiter diese Berichtigung der Wissenschaft nicht zu bewirken im Stande ist, wurde oben schon dargethan.

In dem Bisherigen habe ich nur erst die Anschauung des preußischen Handelsministeriums, daß die allmälige Herabsetzung der Akkordsätze ein entsprechender Hebel sei zur Mehrung der Arbeitsleistungen, einer Kritik unterworfen. Es bleibt noch seine Anschauung zu prüfen, daß eine solche Vermehrung durch eine Ausdehnung der Arbeitszeit herbeigeführt werde. Bei der Erörterung der erstern Frage konnte ich mich darauf berufen, daß, so alt die wissenschaftliche Behandlung nationalökonomischer Fragen sei, so alt sei auch der einstimmige Widerspruch aller namhaften Wirthschaftslehrer gegen die vom Handelsministerium geäußerte Ansicht. Nicht mit der gleichen Behauptung kann ich die Besprechung der zweiten Frage eröffnen. Allerdings schreibt Heinrich v. Treitschke[1]) in seinem Aufsatze über den „Sozialismus und seine Gönner": „Jene Fabrikgesetze und Gesundheitsakten Englands, die uns Deutschen beschämen, sind zumeist durch die Führer der Manchesterschule gefördert worden; sie fanden ihre Gegner an den Torys und, wie begreiflich, an dem Geize einiger Fabrikanten", und trotzdem Gustav Schmoller die völlige Verkehrung aller Wahrheit hervorhob, welche diese Worte enthalten, hat Treitschke in seiner Erwiderung seine Behauptung aufrecht erhalten[2]). Allein durch bloßes Wiederholen werden unrichtige Behauptungen ebensowenig richtig, als falsche Beschuldigungen literarischer Gegner bewiesen werden durch Wiederabdruck derselben in den verschiedensten Ausgaben. Offenbar hat Heinrich v. Treitschke nicht die geringste quellenmäßige Bekanntschaft mit den Dingen, über die er hier mit solcher Sicherheit spricht. Offenbar hat er niemals eine Debatte über das Zehnstundengesetz und seine Vorläufer in Hansard gelesen, ja nicht einmal eine Abstimmungsliste geprüft; offenbar kennt er nicht die Bearbeitung der Bewegung für die Fabrikgesetzgebung von Alfred; ja augenscheinlich hat er nicht einmal die glänzende Rede Macaulay's gelesen, worin dieser sein Votum für die Zehnstundenbill gegenüber seinen freihändlerischen Freunden vertheidigt. Auf jeder Seite würde ihm die Unrichtigkeit seiner Behauptung entgegentreten.

Der älteste mir bekannte Schriftsteller über das Verhältniß von Arbeitszeit zur Arbeitsleistung ist Justus Möser. In einem Aufsatze (Patriotische Phantasien III, 40) von 1777, also ein Jahr nach dem Erscheinen der Smith'schen Untersuchung, schreibt er: „Ich habe noch kein Jahr erlebt, worin alle Menschen so fleißig gewesen sind, wie in dem vorigen. Meine Umstände erforderten es, daß ich ein neues Haus bauen mußte; und

---

[1]) Zehn Jahre deutscher Kämpfe. 542.
[2]) Preuß. Jahrbücher XXXV. 446.

ob ich gleich eben so sehr eilig nicht war, so beeiferte sich doch ein Jeder, mir auch in den Feierstunden seine Kräfte zu schenken. Maurer, Zimmerleute, Tischler, und sogar die Tagelöhner opferten mir die Stunden, welche sonst zu ihrer Ruhe gewidmet waren, auf, und erwarteten, wie billig, meinen Beifall durch eine verhältnißmäßige Vergütung. — Anfänglich glaubte ich viel dabei zu gewinnen; aber am Ende merkte ich doch, daß es auf eine Geldschneiderei hinauslief, und daß ein Jeder, der rechtschaffen arbeitete, auch seine Erholungsstunden nöthig hätte. Was sollt' ich indessen thun? Mich mit den Arbeitsleuten, und besonders mit den Gesellen zu überwerfen, das war nicht rathsam; sie konnten mir auf andere Art schaden. Ich ließ mich also geruhig betrügen, um nicht noch ärger betrogen zu werden. In der That aber sollte die Obrigkeit hier ein Einsehen haben und überhaupt das Arbeiten der Gesellen in den Feierstunden verbieten, weil es sowol ein Betrug für den Meister als den Bauherrn ist. Vor wenigen Jahren wußte man noch nichts von dieser Mode des Betrugs; aber seitdem ist sie täglich allgemeiner geworden."

Glückliche Zeit, in welcher Arbeitgeber es noch als eine Uebervortheilung erkannten, wenn die Arbeitszeit der Arbeiter künstlich verlängert wurde! Sehr bald, mit der Einführung der Maschinen, verschwand diese Auffassung. Der in den Maschinen fixirte Werth war groß. Man geizte nach jedem Augenblicke, in dem er genutzt wurde. Dabei glaubte man, durch die Maschinen sei die Arbeit etwas rein Mechanisches geworden und hielt den letzten Augenblick der Tagesarbeit deshalb für ebenso kostbar wie jeden der früheren.

Am meisten durchgeführt findet sich diese Auffassung bei Senior. In seinen Briefen über die Fabrikgesetze (1837) erklärt er, die von der Zehnstundenagitation geforderte Reduktion der Arbeitszeit von 12 auf 10 Stunden werde die Baumwollindustrie ruiniren. Gerade in den letzten zwei Stunden werde der Unternehmergewinn producirt, während die früheren Stunden nur die Deckung der Produktionskosten lieferten. Und ähnlich waren die Argumente, mit denen die „Führer der Manchesterschule" Cobden, Bright, Joseph Hume, Bowring, Mark Phillips, Lord Brougham und nach seiner Bekehrung zum Freihandel Sir Robert Peel im Parlamente die Anträge des toryistischen Lord Ashley und des radikalen Fabrikanten Fielden auf Erlaß eines Zehnstundengesetzes bekämpften. Am vollständigsten enthält ihre Gedanken die von Manchester aus gegen die Zehnstundenbill an das Parlament gerichtete Petition. Sie behauptet: 1) Der Erlaß eines Zehnstundengesetzes würde eine Minderung des Produktes herbeiführen. 2) In demselben Verhältnisse werde der Werth des in der Industrie fixirten Kapitales vermindert. 3) Eine Minderung des Lohnes werde eintreten zum großen Nachtheile der Arbeiter. 4) Die Preise würden steigen und folglich die heimische Industrie durch die ausländische Konkurrenz gefährdet werden.

„Zugegeben", erwiderte darauf Lord Ashley (10. Mai 1844), „daß einzelne dieser Behauptungen wahr sind, so können sie es doch zusammen nicht sein. Es ist völlig zulässig, uns eine Reihe möglicher Folgen vorzuführen, nur darf man nicht geltend machen, daß wir durch alle zusammen bedroht sind. Jede Möglichkeit mag allein eintreten; allein dies würde zum Mindesten bei einer derselben die volle Verwirklichung der andern ausschließen."

Ganz abgesehen aber hievon, war die Hauptvoraussetzung, daß der Erlaß eines Zehnstundengesetzes eine Minderung des Produktes herbeiführen werde, irrig. Bereits vor Erlaß des Zehnstundengesetzes hatten einzelne für das Gesetz agitirende Fabrikanten in ihren Fabriken Versuche angestellt, um die angeführte Behauptung Seniors zu prüfen. Schon hier zeigte sich, daß die Frage nicht die arithmetische ist, wenn 12 Stunden x produziren, wie viel produziren 10? Es fand sich, daß die Leistungen in den letzten 2 Stunden so gering waren, daß bei der versuchsweisen Reduktion der Arbeitszeit von 12 auf 10 Stunden, der Ertrag statt ein $1/6$ nur $1/12$ geringer war wie vorher. Dabei fand sich, daß gerade in den letzten zwei Stunden viel Material durch die unaufmerksamen, ermüdeten Arbeiter ruinirt wurde. Als dann aber das Zehnstundengesetz trotz allen Widerstandes der Manchesterschule wirklich erlassen wurde, zeigte sich allgemein, wie Ernst v. Plener in seiner Schrift über die Fabrikgesetzgebung sagt, „daß die bloße Ausdehnung der Arbeitszeit eines Arbeiters nicht gleichbedeutend mit der Vermehrung seiner Leistungsfähigkeit sei; die Arbeiter, namentlich die jüngern, welche nicht mehr durch die übergroße körperliche Anstrengung ermüdet waren, stellten in der kürzeren Zeit dasselbe und häufig sogar ein größeres Produktenquantum her, wozu sie wegen der fast allgemeinen Form des Stücklohns ein besonderes Interesse hatten, und allmälig gaben selbst die Unternehmer zu, daß die früher für unentbehrlich gehaltenen letzten zwei Stunden gewöhnlich weit schlechtere Arbeit als die ihnen vorausgehenden Arbeitsstunden lieferten, und daß die ununterbrochene regelmäßige Arbeit des neuen Arbeitstags wegen des intensiven Fleißes der Arbeiter, welche nicht mehr die ersten Stunden des Tages müßig zubringen, für die Unternehmung vortheilhafter sei, als der bisherige lange Arbeitstag mit abwechselnder Ueberarbeit und Lässigkeit."

Da auf diese Weise das erste Uebel, welches die Manchesterschule als Folge des Erlasses eines Zehnstundengesetzes vorhergesagt hatte, die Verminderung der Produktion, nicht eintraf, konnten auch die weitern schlimmen Prophezeiungen derselben nicht eintreffen. Statt dessen traf ein Vortheil ein, den die Vertheidiger der Zehnstundenbill vorausgesagt hatten, die Hebung der physischen, moralischen und intellektuellen und in Folge hievon auch der industriellen Tüchtigkeit der Arbeiter. Und so sehr war dies der Fall, daß bei der weitern Fortbildung der Fabrikgesetzgebung, bei ihrer Ausdehnung auf alle Industriezweige und bei der ferneren Herabminderung der täglichen Arbeitszeit von 10 auf 9 Stunden aller Widerstand der Manchesterschule verschwand, ja daß wir denselben Senior, der 1837 den Ruin der englischen Baumwollindustrie als Folge des Zehnstundengesetzes vorhergesagt hatte, 1863 auf dem Kongreß für Sozialwissenschaften zu Edinburgh die Ausdehnung desselben auf eine Reihe anderer Industrie befürworten sehen, und daß deutsche Lobredner der Manchesterschule für diese gar das Verdienst des Erlasses der Fabrikgesetze in Anspruch nehmen!

Seit dem Erlaß des Zehnstundengesetzes (1847) hat man mannigfache weitere Beobachtungen über das Verhältniß von Arbeitszeit und Arbeitsleistung gemacht. Nicht nur hat man auch hierbei beobachtet, daß die Arbeiter der Nationen mit kürzerer Arbeitszeit mehr leisten als die Arbeiter derjenigen mit mehr Arbeitsstunden, und daß innerhalb derselben Nation

Arbeiter mit regelmäßig kürzerem Arbeitstag die regelmäßig länger arbeitenden übertreffen, man hat auch eine Menge neuer Beobachtungen über Steigerungen der Arbeitsleistungen in Folge weiterer Reduktionen des Arbeitstages gemacht. Für jeden der angeführten Fälle bietet auch hier wieder Brassey die zahlreichsten Belege. Da die Beobachtungen der dritten Art die interessantesten sind, mögen hier einige Angaben darüber folgen. Dollfuß in Mühlhausen, führt Brassey an, reduzirte die Arbeitszeit von 12 auf 11 Stunden täglich und versprach seinen Arbeitern, der Lohn solle unverkürzt bleiben, wenn sie dieselbe Menge Arbeit leisteten wie früher. Nach Ablauf eines Monats zeigte sich, daß nun in 11 Stunden nicht nur ebensoviel, sondern 5 Procent mehr Arbeit wie früher in 12 Stunden geleistet wurde. Beim Bau der Linie Trent-Valley wurden, um die Linie in möglichst kurzer Zeit zu vollenden, statt einer Schicht Arbeiter zu 10 Stunden, zwei Schichten eine jede zu 8 Stunden beschäftigt. Es zeigte sich, daß jede Schicht Arbeiter in 8 Stunden mehr leistete wie sonst in 10. Die Maschinenfabrik von Ransome & Sims zu Ipswich beschäftigt 1200 Arbeiter. Am 2. Januar 1872 wurden die Arbeitsstunden von $58\frac{1}{2}$ auf 54 die Woche beschränkt. Die Arbeit der an den Maschinen beschäftigten Arbeiter nahm in Folge dessen so zu an Intensität, daß die Dampfkraft, welche die Maschinen treibt, um 12 bis 15 Procent vermehrt wurde. Was Handarbeit angeht, leisten die Arbeiter dasselbe wie früher in der längern Arbeitszeit. In der Schmiedewerkstätte verdienen die Arbeiter nach wie vor dasselbe im Stücklohn. Und dasselbe gilt von den Eisengießern. — Auf Grund der angeführten und ähnlicher Erfahrungen befürwortet Brassey die allgemeine Einführung des achtstündigen Arbeitstags für Erwachsene mit mehrfacher Schicht.

Es ergiebt sich aus diesen Erörterungen, wie völlig verkehrt Heinrich v. Treitschke meint[1]), die „Tollheit der Sozialisten", „die Kultur der Nationen bemißt sich nach der Kürze des Arbeitstags", führe „offenbar zu dem Schlusse, daß die höchste Gesittung nur aus der vollkommenen Faulheit erblühe". Jene Tollheit ist vollkommen weise: denn offenbar ist ein kurzer Arbeitstag nur möglich bei hochkultivirten Nationen, ebenso wie er allein die Möglichkeit giebt zu weiterem Fortschritt der Kultur. Jene Tollheit beruht einfach auf Thatsachen wie die von Brassey mitgetheilte, daß der englische Arbeiter heute in 10 Stunden so viel leistet wie 2 Russen in 16. Wenn aber Treitschke fortfährt mit der Behauptung, von allen Kathedern halle es wider: die erleichterte Produktion werde den Arbeiter dereinst in den Stand setzen, durch vier- bis sechsstündiges Schaffen seinen Antheil an der täglichen Gesammtarbeit der Gesellschaft abzutragen, so hat Schmoller darauf mit der Aufforderung erwidert, ihm ein einziges Beispiel zu nennen. Mit Recht wurde bereits hervorgehoben, diese Beschuldigung Treitschke's sei keine Kleinigkeit: wenn ein Geschäftsmann so etwas lese, sei für ihn über alle Kathedersozialisten ein für allemal der Stab gebrochen. Entweder mußte Treitschke also Schmoller's Aufforderung folgen oder — seinen Ausspruch zurücknehmen. Er hat aber weder bewiesen, noch zurückgenommen. „Ich halte alle meine Behauptungen aufrecht", war die hochfahrende Er-

---

[1]) Zehn Jahre deutscher Kämpfe. 481.

widerung, und in neuen Ausgaben[1]) hat er die falsche Beschuldigung in die Welt geschleudert. Doch ist er bei andern Beschuldigungen ebenso verfahren!

Nicht das also wird behauptet oder läßt sich behaupten, daß der Arbeitstag der Zukunft nur vier oder sechs Stunden betragen werde. Nach den Angaben Brassey's wäre möglich, daß er einmal acht Stunden betragen wird. Allein die Länge des Arbeitstags ist nichts, worüber es möglich ist, a priori irgend etwas festzustellen. Es ist lediglich eine Frage der Erfahrung, bei welcher Dauer des regelmäßigen Arbeitstags am meisten geleistet wird, und die Erfahrungen werden in den verschiedenen Zeiten Verschiedenes antworten, je nach dem Grade der Arbeitstüchtigkeit, welche ein Volk bereits erlangt hat. Es wird also auch niemals eine große Reduktion der Arbeitszeit auf einmal stattfinden können; nur durch eine allmälige, schrittweise Verkürzung des Arbeitstags, wie sie uns die industrielle Geschichte Englands in diesem Jahrhundert zeigt, wird die zur Erzielung einer größern Leistung in kürzerer Zeit nöthige größere Intensität und Tüchtigkeit der Arbeit herangezogen werden. Solche allmälige Kürzung des Arbeitstags aber, nicht eine allmälige Verlängerung desselben, wie der preußische Handelsminister meint, ist, wie die angeführten Erfahrungen zeigen, das geeignete Mittel, um die Leistungsfähigkeit der Einzelnen zu erhöhen und Arbeitskräfte zu sparen.

Als das Resultat unserer Betrachtungen ergiebt sich also einmal, als regelmäßige Folge eines höheren Lohnes, größere Arbeitstüchtigkeit. „Wir denken hierbei", bemerkt Roscher, „an das physiologische Gesetz, daß bei starker Muskelthätigkeit auch die Nahrungszufuhr stark sein muß, daß aber gerade die Raschheit dieses Stoffwechsels die Muskeln verstärkt und das ganze körperliche Leben frisch und freudig macht. Mit richtigem Takte hat das Alterthum den großartigsten Arbeiter, Herakles, auch als einen großartigen Esser geschildert." Es ergiebt sich ferner, als regelmäßige Folge einer allmäligen Verkürzung des Arbeitstags eine Steigerung der Leistungen. Es ergiebt sich hieraus endlich das Thörichte der schon von Adam Smith verspotteten, aber, wie es scheint, unsterblichen Klage über die bei gleichzeitiger geringerer Arbeitszeit stetig zunehmenden Ansprüche der arbeitenden Klassen an's Leben. Solche stetige Zunahme der Bedürfnisse ist, abgesehen von allen andern segensreichen Wirkungen, die sicherste Garantie der Zunahme der Leistungen. Menschen mit größeren Bedürfnissen bei kürzerer Arbeitszeit sind zu größerem Fleiße genöthigt, der ihnen aus körperlichen Ursachen leichter wird als den wenig Bedürfnisse empfindenden, schlecht genährten und abgemüdeten Arbeitern.

Treten wir mit dieser Erkenntniß nun an die Frage heran, inwiefern der Lohn und die Arbeitszeit unserer Arbeiter die Ursache sind unserer augenblicklichen ungünstigen Handelsbilanz, so ergiebt sich, daß von einer derartigen Schuld höchstens insoweit die Rede sein kann, als unsere Löhne noch

---

[1]) Die Aufsätze erschienen zuerst in den Preuß. Jahrbüchern, drei Monate darauf in den „Zehn Jahren deutscher Kämpfe" und nach abermals drei Monaten als Separatschrift. Darauf, daß seine Beschuldigungen falsch seien, war H. v. Treitschke schon vor der Ausgabe der „deutschen Kämpfe", unmittelbar nach dem Erscheinen seiner Aufsätze in den Preuß. Jahrbüchern, aufmerksam gemacht worden.

zu niedrig, unsere Arbeitszeit noch zu lang und in Folge dessen die Leistungs=
fähigkeit unserer Arbeiter zu gering ist. Dafür, daß unsere Arbeitszeit noch
zu lang ist, kann ich mich auf eine Aeußerung des bekannten englischen
Parlamentsmitgliedes Mundella, — von den bereits angeführten Zeug=
nissen ganz abgesehen, — berufen. Mundella ist nicht blos an Fabriken
in England, sondern auch an solchen in Sachsen betheiligt, also zu einem
Urtheile höchst kompetent, und in einem Gespräche äußerte er gegen mich
die Ueberzeugung, daß die lange Arbeitszeit der deutschen Arbeiter eine
Hauptursache sei ihrer geringeren Leistung. Daß aber der Lohn bei uns
noch zu gering ist, geht aus der Behauptung eines hervorragenden Mit=
gliedes der deutschen Freihandelspartei auf dem Kongresse zu Crefeld hervor:
das Projekt einer Zwangs=Alters= und Invalidenkasse, — gegen das ich
zu Eisenach übrigens persönlich gestimmt habe, — sei undurchführbar, weil
eine Reihe von Industrieen die Lohnzuschläge, die zur Sicherung der Lage
des Arbeiters im Alter und bei Invalidität nothwendig würden, nicht er=
tragen könnten. Was heißt dies anders, als daß in diesen Industrieen
die Löhne zu niedrig sind, um den arbeitsunfähig gewordenen Arbeitern die
Existenz aus ihren Ersparnissen zu ermöglichen? Nun ist es das erste Er=
forderniß der Wirthschaftlichkeit, daß der Arbeiter so viel von seinem Lohne
zurücklege, daß er bei eintretender Arbeitsunfähigkeit von den Ersparnissen
leben könne. Ist er hiezu nicht im Stande, so muß ihn die Armenkasse
nöthigenfalls unterhalten. Ist Rickert's Behauptung richtig, so heißt sie
also nichts Anderes, als daß die Gesammtheit in Folge zu niedriger Löhne
unserer Industrie eine Prämie in der Form von Armenunterstützung bezahlt.
Ein Ergebniß, bei dem ein Freihändler sich doch unmöglich beruhigen kann!
Bei allmäliger Erhöhung der Löhne würde aber unsere Industrie, wie gezeigt,
dieses Schutzes entbehren können.

Die Steigerung der Arbeitstüchtigkeit unserer Arbeiterbevölkerung ist
aber um so wichtiger, da ohne Zweifel schließlich dem Volke die industrielle
Suprematie zukommen wird, dessen Arbeiter am meisten leisten. Schon
Knies hat hierauf hingewiesen, indem er hervorhob, daß die natürlichen
Vorzüge der einzelnen Länder mit jeder Verbesserung der Verkehrswege mehr
allen andern zu Theil werden und deshalb als besondere Vorzüge einzelner
Länder verschwinden. Das Kapital aber ist anerkanntermaßen kosmopolitisch
und strömt dahin, wo die günstigsten sonstigen Produktionsbedingungen sind.
Da aber, wie eben betont, natürliche Vorzüge einzelner Länder auf die
Dauer diesen Ländern keinen Vorsprung gewähren, bleibt, als einzige dauernde
Attraktionskraft des Kapitals, die tüchtigste Arbeiterbevölkerung. „Was ist es,
Sir," rief ferner Macaulay in der schon erwähnten Rede über das Zehn=
stundengesetz, „was ist es, das den großen Unterschied zwischen Land und
Land bildet? Nicht die Fruchtbarkeit des Bodens; nicht die Milde des
Klima's; nicht Bergwerke, noch Häfen, noch Flüsse. Diese Dinge sind
allerdings werthvoll, wenn sie durch menschliche Einsicht zu ihrem rechten
Gebrauche verwendet werden; aber menschliche Einsicht kann viel ohne sie
thun, und ohne menschliche Einsicht können sie nichts thun. Sie bestehen
im höchsten Maße in Gegenden, deren Einwohner wenig und schmutzig und
barbarisch und nackend und hungerleidend sind, während man auf unfrucht=
baren Felsen, inmitten ungesunder Moräste und unter unfreundlichen

Himmelsstrichen ungeheure Bevölkerungen finden kann, gut genährt, gut wohnend, gut gekleidet, gut regiert. Die Natur bestimmte Aegypten und Sicilien, die Gärten der Welt zu sein. Sie waren es einst. Giebt es irgend etwas in der Erde oder in der Luft, das Schottland blühender machte, als Aegypten, das Holland blühender machte, als Sicilien? Nein: der Schotte war es, der Schottland gemacht hat; der Holländer war es, der Holland gemacht hat. Blicket auf Nordamerika. Vor zwei Jahrhunderten waren die Stellen, an denen sich jetzt Fabriken erheben und Hôtels und Banken und Schulen und Kirchen und die Senatshäuser blühender Gemein= wesen, Wüsten, dem Panther und dem Bären preisgegeben. Was hat die Umwandlung bewirkt? War es die reiche Fruchterde, oder die überströmenden Flüsse? Nein: die Prärien waren damals so fruchtbar, der Ohio und der Hudson waren so breit und so voll wie jetzt. War die Verbesserung die Wirkung irgend einer großen Uebertragung von Kapital aus der alten Welt in die neue? Nein: die Auswanderung führte in der Regel nicht mehr als eine Kleinigkeit aus; aber sie führte englisches Herz und Kopf und Arm aus, und englisches Herz und Kopf und Arm verwandelten die Wildniß in Kornfeld und Baumgarten und die ungeheuren Bäume des Urwaldes in Städte und Flotten. Der Mensch, der Mensch ist das große Werkzeug, das Reichthum erzeugt. Der natürliche Unterschied zwischen Campanien und Spitzbergen ist unbedeutend im Vergleich mit dem Unterschied zwischen einem von Menschen voll körperlicher und geistiger Kraft bewohnten Lande und einem von in körperlichem und geistigem Verfall verkommenen Menschen bewohnten Lande. Daher kommt es, daß wir nicht ärmer, sondern reicher geworden sind, weil wir, viele Jahrhunderte hindurch, Einen Tag unter sieben von unserer Arbeit geruht haben. Dieser Tag ist nicht verloren. Während der Fleiß ausgesetzt ist, während der Pflug in der Furche liegt, während die Börse schweigt, während kein Rauch aus der Fabrik aufsteigt, geht ein für den Reichthum der Nationen ganz eben so wichtiger Prozeß, als irgend ein Prozeß, der an geschäftigeren Tagen ausgeführt wird, vor sich. Der Mensch, die Maschine der Maschinen, die Maschine, im Vergleich mit welcher die ganzen Erfindungen der Watts und der Arkwrights werthlos sind, wird hergestellt und aufgezogen, so daß er am Montag mit klarerem Geiste, mit belebterem Sinne, mit erneuter Körperkraft zu seinen Arbeiten zurückkehrt. Niemals werde ich glauben, daß das, was eine Be= völkerung stärker, und gesünder und weiser und besser macht, sie schließlich ärmer machen kann. Ihr versucht, uns zu schrecken, indem ihr uns erzählt, in einigen deutschen Fabriken arbeiteten die jungen Leute siebenzehn Stunden in den vierundzwanzig, sie arbeiteten dort so stark, daß sich dort unter Tausenden nicht Einer finde, der die nöthige Größe erreiche, um in die Armee aufgenommen zu werden, und ihr fragt, ob wir uns, wenn wir diese Bill annehmen, gegen derartige Mitbewerbung zu halten vermögen können. Sir, ich lache über den Gedanken an solche Mitbewerbung. Wenn wir jemals genöthigt sind, die erste Stelle unter den Handelsvölkern abzutreten, so werden wir sie nicht einem Geschlecht entarteter Zwerge, sondern irgend einem an Körper und Geist vorragend kräftigen Volke abtreten."

Die seitherige Erfahrung hat die Prophezeiung Macaulay's be= wahrheitet. Trotz oder vielmehr, wie Brassey und das Angeführte zeigen, in Folge der höhern Löhne und der kürzeren Arbeitszeit ist die Arbeit heute in England am billigsten, behauptet England die erste Stelle unter den Handelsvölkern. Ergiebt sich aber aus unsern Betrachtungen die Nothwendigkeit einer allmäligen Lohnerhöhung und Verkürzung der Arbeitszeit zur Steigerung der Leistungsfähigkeit unsrer Arbeiter, so erhebt sich die Frage, was ist nöthig, damit diese Politik durchgeführt werde? Von dem einzelnen Unternehmer läßt sich solche Durchführung nimmermehr erwarten. Sie erheischt oft Opfer, welche sich nicht immer unmittelbar sondern erst nach einiger Zeit lohnen. Die Kurzsichtigkeit und Engherzigkeit der meisten Unternehmer wird sie leicht von solchen Opfern abhalten. Dies wird um so mehr der Fall sein, als heute viele industrielle Unternehmungen begonnen werden, nicht um von dem Unternehmer dauernd betrieben, sondern um von ihm verkauft zu werden. „Ich habe das Werk", sagte mir unlängst ein Hüttenbesitzer, „nicht übernommen, um ewig Eisen zu produziren, sondern um das Geschäft blühend zu machen, um es möglichst bald vortheilhaft zu verkaufen." Das Hauptziel also ist, sich möglichst bald als Rentner zur Ruhe setzen zu können. Solches Streben hält dann natürlich von Opfern ab, die sich erst später reichlich lohnen. Selbst wenn man theoretisch die Nothwendigkeit und das Lohnende aller augenblicklichen Opfer zur dauernden Hebung des Arbeiterstammes einsehen sollte, so eilt man doch unter den augenblicklichen Verhältnissen noch rasch möglichst reich zu werden, und schiebt die Verbesserungen auf die Schultern des Nachfolgers. Da es aber Dieser so macht wie der Vorgänger, kommt es nie zur Verbesserung. Und so ist es zu allen Zeiten mit Unternehmern jeglicher Art gewesen. Oder — hätten wir nicht noch heute die Leibeigenschaft und die bäuerlichen Lasten, wenn nicht der Staat sie beseitigt hätte? Mußte nicht auch bezüglich der Agrarreform der Staat bei uns mit Lehre und Beispiel vorangehen und schließlich durch Gesetze sie fördern? Ein derartiges Eingreifen wie durch die Stein=Hardenbergische Gesetzgebung wäre aber hier weder nöthig noch zulässig. Das einzige Erforderliche ist, daß der Staat durch den Mund seiner ersten Diener die richtigen Grundsätze ausspreche und auf seinen eignen Werken in der Befolgung derselben mit gutem Beispiel vorangehe.

„Unentschieden mag bleiben", sagt J. G. Hoffmann (Nachlaß 194), „ob das Menschengeschlecht jemals eine Stufe der Bildung erreichen wird, worauf Privatunternehmer im Allgemeinen die Pflicht anerkennen, den Arbeitern, deren sie bedürfen, auch einen Theil des Reinertrags zur Verbesserung ihres Zustands zukommen zu lassen und den Arbeitslohn demgemäß zu stellen. Aber jedenfalls könnte solches Pflichtgefühl niemals hinreichen, ein gerechtes Maß für das Verhältniß aufzufinden, worin der Reinertrag zwischen den Unternehmern und den Handarbeitern zu vertheilen wäre. Auf unserer Bildungsstufe schwebt dem Unternehmer nur höchst selten eine Ahnung davon vor, daß der Arbeiterstamm ebensowol als er selbst, ein Anrecht auf Verbesserung seines Zustands habe. Dem gemeinen Sinne gilt für erlaubt jedes durch die Landesgesetze nicht verpönte Mittel, den Arbeitslohn möglichst niedrig zu bedingen. Die Bessern oder wenigstens Klügern nehmen Anstand, die Noth des Arbeiterstamms zum Herabbringen unter das Maß zu benutzen, worin er noch hinreicht, den Arbeiterstamm in leistungsfähigem Zustand zu erhalten. Die Besten endlich glauben nicht sowol eine Pflicht als ihrer edlen Neigung zur Wohlthätigkeit zu genügen, wenn sie den Arbeitern auch da, wo niedrigere Lohnsätze zu bedingen wären, so viel zukommen lassen, daß denselben bei verständiger Anwendung eine Verbesserung ihres Zustands möglich wird. Aus einer höhern Ansicht gereicht eine solche Verbesserung nicht minder zum Vortheil der Unternehmer als der Arbeiterfamilien; denn indem der Arbeiterstamm kräftiger, verständiger und sittlich zuverlässiger wird, kann sehr viel bessere Arbeit von der gleichen Arbeiterzahl in derselben Zeit erzeugt werden. **Es bedarf jedoch mehrentheils einer nicht unbeträchtlichen Reihe von Jahren zur vollständigen Reife dieser köstlichen Früchte der edleren Behandlung des Arbeiterstammes, und es mag daher denjenigen Unternehmern, welche sich des Vortheils begeben wollten, für jetzt niedrigeren Lohn zu bedingen, nicht immer verbürgt werden, daß sie selbst noch vollständigen Ersatz dafür durch den verbesserten Zustand des Arbeiterstammes erlangen. Aber die Staaten überdauern weit hinaus die Generationen, und den Regierungen steht daher wol an, für die Jahrhunderte zu sorgen, während das Walten und Wirken der Zeitgenossen nur auf Jahrzehnte gerichtet wird."** Und darauf spricht Hoffmann von Maßnahmen der Gesetzgebung, um Herabdrücken des Arbeitslohns zu verhindern und um die Arbeitszeit zu beschränken.

Gemessen nach diesen Anforderungen, welche der bedeutendste Vertreter der Volkswirthschaftslehre in Preußen und gleichzeitig das Muster eines preußischen Beamten an den Staat stellt, wie muß das Verhalten des gegenwärtigen preußischen Finanzministers beurtheilt werden, der Lohnreduktionen vom Tische des Bundesraths anempfiehlt, und das des gegenwärtigen preußischen Handelsministers, der in der Befolgung dieser Lehre allen deutschen Unternehmern vorangeht?

Printed by Libri Plureos GmbH
in Hamburg, Germany